Chantal Arduini Amaya

FICCIÓN TRANSMEDIA ARGENTINA

Prólogo Denis Renó

RIA
Editorial

Chantal Arduini Amaya

FICCIÓN TRANSMEDIA ARGENTINA

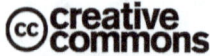

RIA
Editorial

riaeditora@gmail.com
http://www.riaeditorial.com

ESSA OBRA FOI AVALIADA INTERNAMENTE E EXTERNAMENTE POR PARECERISTAS

O livro foi avaliado e aprovado pelo avaliador Dr. Vicente Gosciola, que informou parecer positivo à publicação da seguinte forma:

O livro "Ficción transmedia argentina" tem como grande característica ser um guia, ou Guión, ou um roteiro de como se produz uma obra transmidiática. Essa particularidade é reforçada pelo seu formato, um "pocket book" de 80 páginas que facilitam o uso recorrente e em campo para a produção de qualquer realização transmidiática. Introduz, com cuidadosa atenção, as teorias sobre os elementos e as especificidades da linguagem transmídia. Desdobra-se para uma discussão sobre o alcance e os efeitos sociais da narrativa transmídia sobre a cena cultural contemporânea e, com o mesmo vigor, estuda o movimento contrário, isto é, como expressões socioculturais influenciam a produção de uma peça transmídia. Assim, Chantal Arduini Amaya, doutora e professora em Comunicação, traz uma potente contribuição ao desenvolvimento teórico e, principalmente, prático sobre a narrativa transmídia, ainda que especialmente focado na Argentina o que indiscutivelmente legitima o texto, já que o país é um dos mais bem-sucedidos produtores de transmídia na atualidade..

O parecer foi enviado previamente ao lançamento.

CONTENIDO

Prólogo

LA MADUREZ DE LAS NARRATIVAS TRANSMEDIA EN ARGENTINA

Denis Renó
Universidade Estadual Paulista - UNESP

Hemos vivido muchos cambios en el ecosistema mediático en este siglo. La internet ha sido fundamental en estas transformaciones, en todos los aspectos. Aprendimos un nuevo formato de comunicación, donde la virtualidad era la esencia. De igual manera, hemos conocido nuevos espacios - los "no lugares" propuestos por el francés Marc Augé en el año 2005. Con eso, nos han llegado (a veces naturalmente, otras veces impuestas por los conglomerados tecnológicos) nuevos lenguajes mediáticos y que constituyeron, juntamente a los ciudadanos, una nueva ecología de los medios.

A finales de la primera década, un lenguaje ha empezado a ganar protagonismo en el mundo de las investigaciones sobre comunicación - sobretodo en Iberoamérica -, aunque inicialmente de manera poco profundizada. El tema, traducido al castellano como Narrativas Transmedia, ha sido inicialmente observada por académicos con miradas hacia la comprensión sobre el concepto, puesto que representaba un expresivo cambio comunicacional, sobretodo estructuralmente. Dejábamos de pensar definitivamente en procesos lineales, pues la narrativa transmedia ofrecía una fragmentación a través de nudos neuronales. Además, a través de la narrativa transmedia el control de los procesos comunicacionales perdía su fuerza. Eso significaba uno de los expresivos cambios narrativos desde Gutenberg, compartiendo el puesto a la llegada de los mensajes por imágenes por la fotografía y, después, por el cine.

Pero el desarrollo de las narrativas transmedia no podría limitarse a conocerla. Era fundamental descubrir qué hacer con ella. Y fue lo que pasó. Inicialmente, a través de investigaciones relacionadas a la ficción, puesto que ese es un gran mercado de la comunicación. En ese tema, el brasileño Vicente Gosciola ha sido fundamental. Después, con miradas hacia la información, yo mismo desarrollé investigaciones sobre el periodismo transmedia y el documental transmedia. En estos temas, mis investigaciones realizadas en 2010 y 2012 han sido pioneras en Iberoamérica (y ojalá fuera de ella), seguidos de estudios desarrollados por dos argentinos (Fernando Irigaray y Álvaro Liuzzi) en los años siguientes. Simultaneamente, el argentino Carlos Scolari ha profundizado el entendimiento sobre los conceptos de la narrativa transmedia. Finalmente, surgieron importantes nombres que han puesto el escenario científico iberoamericano como protagonista mundial en los estudios sobre narrativa transmedia.

Empezamos el año 2024 con la publicación de una importante investigación en el campo de la narrativa transmedia y que representa la madurez científica sobre el tema: este libro. A través de ello, la argentina Chantal Arduini Amaya nos ofrece miradas hacia la ficción transmedia en su país. Para eso, ha investigado la serie infantil Go! Vive a tu manera, del año 2019. La obra es, sin duda, una investigación que, gracias a los detalles, acaba por transformarse en un mini-guión sobre cómo desarrollar un proyecto transmedia de ficción. Por supuesto, solo ha sido posible gracias a la capacidad de observación y del conocimiento de Chantal Arduini sobre el tema.

El libro, publicado por Ria Editorial en formato de Pocket Book por considerar su importancia como un estudio que sirve como guión para nuevos proyectos, representa, sin duda, una consolidación de la academia de Argentina en el tema de narrativa transmedia. Viva la Narrativa Transmedia. Viva el ecosistema mediático.

FICCIÓN TRANSMEDIA ARGENTINA

Introducción

Hubo un tiempo en el cual la frontera entre quienes producían contenido y quienes lo consumían estaba muy acentuada. Productores, por un lado, y consumidores, por otro, coexistían en un escenario de medios tradicionales regidos por un sistema de lógica broadcasting, es decir, programación estipulada para un día y horario determinado con tandas publicitarias.

Hacia finales del siglo XX, ese mundo comenzó a transformarse producto del advenimiento de la web 1.0, primero, y de la 2.0, después. Se asomaba así la cultura digital a nuestras vidas: "un concepto general que describe la idea de que la tecnología e Internet configuran significativamente la forma en que interactuamos, nos comportamos, pensamos y nos comunicamos como seres humanos en el entorno social" (Novomisky, 2022).

Esta digitalización de la cultura en la cual "resulta cada vez más difícil estar fuera" (Novomisky, 2022) ha acobijado el desarrollo de relatos transmedia en distintos ámbitos: la ficción, el periodismo, el documental y la educación. Aun con esto, es preciso señalar que las narrativas de este estilo no son un fenómeno propio de la era digital. En efecto, Jenkins (2006) y Scolari (2013) postulan que historias como *Star trek* (1966) y *Star Wars* (1977); y muñecos como Barbie y Ken ya eran ejemplos de narrativas expandidas en múltiples plataformas por las industrias mediáticas (canon) en las que los fans jugaban un rol activo, es decir, no solo eran consumidores de productos, sino que también creaban contenidos (fandom) alrededor de esos mundos narrativos.

Con la llegada de la World Wide Web, las creaciones del público cobraron un papel mucho más visible. Esto significa que los fanáticos han existido desde siempre, sin embargo, a partir de la aparición de los blogs, los sitios web, los correos electrónicos, los foros y las redes sociales, sus actividades se han divulgado y profundizado.

El advenimiento de la web 2.0 y los distintos dispositivos tecnológicos, modificaron, por un lado, la disponibilidad de medios (tv, redes sociales, plataformas on demand, YouTube) para narrar una historia y, por otro, el alcance de los contenidos generados por los usuarios que pueden recorrer distancias cada vez más lejanas.

Las comunidades de fans de todo el mundo se han ampliado porque Internet las conecta, y, asimismo, los dispositivos de comunicación como notebooks, tablets y smartphones traen consigo herramientas que procesan texto, imagen y video. Esta penetración tecnológica en la vida cotidiana de los sujetos promueve el desarrollo de *transmedia skills* (Scolari, 2018), es decir, habilidades para llevar adelante actividades tales como: enviar mails, subir contenido a redes sociales, editar y descargar videos e imágenes, realizar vivos, crear blogs, redactar posteos, armar un hilo en Twitter, compartir información, etc.

Lo que -en tiempos pre digitales- se materializaba en fanzines[1], hoy se manifiesta en formatos multimedia interactivos. Por eso es que en la web abundan miles de fan fictions, fan vids (recaps, parodias, falsos openings, finales alternativos, mashups), foros de discusión,

---

1. Publicaciones gráficas realizadas por aficionados sobre un universo narrativo.

wikis y cuentas en redes sociales dedicadas a personajes, actores y series favoritos.

Martín Barbero (1987), décadas atrás, hablaba de *mediaciones* para definir aquellas prácticas que las audiencias efectuaban alrededor de los contenidos ofrecidos por medios masivos de comunicación como la televisión. Desde una mirada culturalista, el investigador postulaba la necesidad de pasar la atención de los medios hacia las mediaciones, es decir, ahondar más en las prácticas de los sujetos y no tanto en los contenidos diseñados por las industrias mediáticas. En otras palabras, y pensando en términos de narrativas transmedia, significa posar la mirada sobre las creaciones del fandom y no sobre las piezas textuales del canon.

Acerca del caso elegido

La presente investigación tiene como antecedentes un conjunto de estudios previos efectuados por la autora que fueron avanzando en el conocimiento de la ficción seleccionada. A principios del 2020, esta misma editorial publicó *Narrativas Complejas*. Allí apareció el capítulo *Ficción Transmedia en Argentina. El Caso de la Serie Infanto Juvenil Go: Vive a Tu Manera* en donde se analizaron -de manera exploratoria- las piezas canónicas que habían sido producidas durante 2019.

Hacia fines del 2020, Ria editó el ebook *Ejercicios mentales*. Uno de sus capítulos fue *Ficción transmedia en Argentina. Análisis del canon de la serie Go: vive a tu manera*. En él se volvió a depositar la mirada sobre el canon, pero, esta vez, con un mayor nivel de profundidad ya que se incorporaron nuevas categorías analíticas.

Llegado el 2022, la autora defendió su tesis doctoral titulada *Fanatismos e industrias mediáticas en narrativas transmedia de ficción argentinas. Un estudio de caso colectivo sobre las series nacionales Según Roxi y Go! Vive a tu manera.* Allí se consideraron los hallazgos de los artículos previos y se profundizó en el estudio no solo del canon, sino también del mundo de los fanáticos, sus creaciones y competencias mediáticas.

Este recorrido alcanza la actual investigación -que mantiene el mismo objeto empírico- pero, a pesar de que su propósito es seguir problematizando el vínculo entre los movimientos top down y bottom up, se añaden aportes conceptuales nunca trabajados hasta la fecha en el caso de *Go!*. Concretamente se trata de conocer y analizar, por un lado, la rutina productiva de la serie a partir de entrevistas en profundidad realizadas a la directora (Estela Cristiani) terreno de los fanáticos, se procura trabajar tanto con el concepto de *alfabetismos transmedia* (Scolari, 2018) como con el de *agentes de las prácticas periodísticas* (Lewis & Westlund, 2015), los cuales arrojan interesantes resultados al cruzarlos con testimonios[2] de fanáticas de la ficción halladas en Wattpad.

---

2. Para conocer la mirada de los fans sobre sus producciones, diseñamos un cuestionario estructurado que enviamos por Wattpad a 15 usuarios activos, de los cuales solo respondieron cinco chicas: Ceci_books14 (15), Sweet.Dreams.Clouds (15), Gianella Lucía (16), Lily_Mikaelson16 (17) y Simbar_shipper0914 (20). Insistimos, también, por mensaje privado y comentarios públicos en Facebook, Instagram, YouTube y TikTok, pero fue en vano. La mayoría de estas cuentas publicaron su último contenido entre 2019 y 2020, por lo que, no presentan actividad y sus creadores ya no ingresan en ella, lo cual dificultó que pudieran leer los mensajes.

    A este obstáculo de trabajar con material online sobre una serie que concluyó en 2020, se le adiciona la edad de los posibles entrevistados, ya que se trata de pre adolescentes y adolescentes que bien pueden desconfiar de las intenciones de una investigadora, la cual es, para ellos, una adulta desconocida haciendo preguntas sobre sus actividades.

Antes de iniciar el análisis conviene recordar, brevemente, la trama de *Go! vive a tu manera*. Incluida en el género infanto juvenil y estrenada en 2019, la ficción narra la historia de Mía Cáceres una adolescente sin padres cuyo sueño es ingresar al prestigioso colegio Saint Mary -sito en la Ciudad de Buenos Aires- para estudiar canto y baile. Como no dispone de recursos económicos suficientes, da una prueba que le permite obtener una beca de estudio y así cursar quinto año del secundario. Mía no solo cumple con su cometido académico, sino que, además, a lo largo de la trama, descubrirá que el director del colegio es su padre biológico.

Desde el 2019 hasta el 2020 inclusive (año en el que se decidió cancelar el proyecto) la historia se expandió en diversos medios: serie, película, cds de música, redes sociales, teatro y canal de YouTube. A continuación, en la infografía 1 podemos apreciar su universo.

Infografía 1

Universo de GO! vive a tu manera

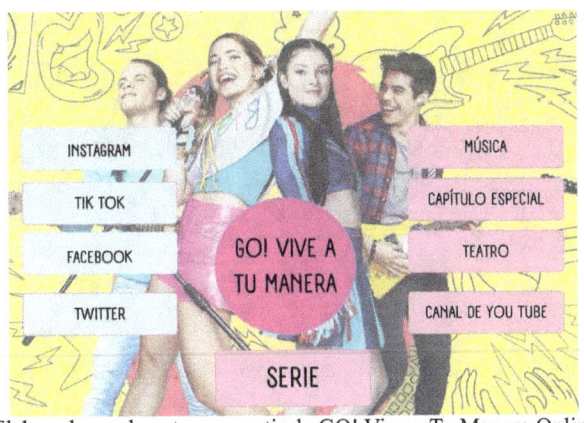

Nota. Elaborado por la autora, a partir de GO! Vive a Tu Manera Online (s.f.).

Un marco teórico

Recordemos la definición de Henry Jenkins (2006) sobre este tipo de relatos. Una *narración transmediática*:

> Se desarrolla a través de múltiples plataformas mediáticas, y cada nuevo texto hace una contribución específica y valiosa a la totalidad. En la forma ideal de la narración transmediática, cada media hace lo que se le da mejor, de suerte que una historia puede presentarse en una película y difundirse a través de la televisión, las novelas y los cómics; su mundo puede explorarse en videojuegos o experimentarse en un parque de atracciones. Cada entrada a la franquicia ha de ser independiente, de forma que no sea preciso haber visto la película para disfrutar con el videojuego y viceversa. Cualquier producto dado es un punto de acceso a la franquicia como un todo. El recorrido por diferentes medios sostiene una profundidad de experiencia que estimula el consumo. La redundancia destruye el interés de los fans y provoca el fracaso de las franquicias. La oferta de nuevos niveles de conocimiento y experiencia refresca la franquicia y mantiene la fidelidad del consumidor. (p. 101)

Expandir una historia en múltiples medios puede ser una decisión tomada por las industrias mediáticas desde el principio del proyecto o bien desarrollada a medida que uno de los productos va creciendo. En el primer caso, siguiendo a Gambarato (2013), se trata de una obra proactiva. En cambio, en el segundo, estamos frente a una obra retroactiva.

Según Pratten (2011), un buen relato que atrape a los pro-sumidores contempla la geografía (lugar donde se desarrollan los hechos), la historia (el argumento principal situado en un tiempo y un espacio) y los personajes (protagonistas, antagonistas y sus ayudantes). Pero, además, debe considerar, siguiendo a Montoya y Arango (2015) dos temporalidades: por un lado, el tiempo del relato, es decir, la cronología de los acontecimientos de la trama y, por otro lado, el tiempo de la producción, o sea, la cronología de lanzamiento de los distintos productos que componen la franquicia. En este punto cabe mencionar que hay varios aspectos a tomar en cuenta para elegir las plataformas del universo y el orden en el que irán apareciendo. Pratten (2011) considera: las fortalezas y debilidades de cada medio que permitirá un mayor apro-vechamiento de las experiencias ofrecidas; el nivel de popularidad de la plataforma; la disponibilidad de recursos de la productora; el desarrollo del contenido que ofrece cada medio en función de sus características y las preferencias de los usuarios. "Conectar las plataformas entre sí permitirá crear una experiencia unificada y consistente en todas ellas. Hay que tener presente que cada una debe añadir algo a la experiencia que vive el usuario" (Acuña & Caloguerea, 2012, p. 96).

Estos medios por los que se expande el universo ficcional pueden clasificarse, según Montoya y Arango (2015), en obra seminal (la primera plataforma en lanzarse) y obra núcleo (la plataforma que más potencia el desarrollo de la expansión transmedia generando una gran cantidad de vínculos intertextuales con las demás piezas).

Asimismo, los autores postulan que las industrias mediáticas necesitan valerse de dos estrategias narrativas para que el público no pierda interés en el canon. Una de ellas consiste en introducir pistas de migración, es decir, cuestiones no resueltas en la obra núcleo, pero que invitan al espectador a buscar la explicación en otras piezas textuales.

La segunda estrategia es dejar espacios en blanco/lagunas narrativas dentro de la obra núcleo que serán completados en próximos productos del universo. Una historia transmedia reconoce la importancia de los prosumidores en su desarrollo, por lo tanto, es central motivarlos llevando adelante un *call to action*[3] que, al mismo tiempo, garantice plataformas de contención para albergar lo producido por el fandom.

> Los consumidores navegan por los mundos narrativos trans-media, aquí y allá recogen informaciones que les permiten generar hipótesis sobre el desarrollo de la historia, y después no ven la hora de poner a prueba esos conocimientos. Este esfuerzo cognitivo- interpretativo debe ser recompensado. (Scolari, 2013, p. 86)

Do it yourself: lo que los fanáticos crean

Cuando Henry Jenkins escribió *Piratas de textos* (1992), en aquel entonces el desarrollo de la web daba sus primeros pasos, por eso es que analizó las prácticas de los fanáticos considerando las convenciones, las fanfictions en fanzines, las grabaciones de video cassete y las charlas originadas en cadenas de correo electrónico.

Uno de sus aportes más significativos se encuentra en el capítulo *Garabatear los márgenes* en el cual identificó diez maneras de reescribir un programa de televisión[4].

1. Recontextualización: escritura de escenas breves que llenan las lagunas narrativas de las ficciones. Brindan explicaciones adicionales sobre un personaje o evento de la historia.

---

3. De acuerdo a Acuña y Caloguerea (2012) se traduce como llamadas a la acción. Se trata de elementos dentro de la narrativa que incitan al usuario a hacer algo y no posponerlo para después (p. 96).
4. Jenkins analiza estas categorías exclusivamente en los fanfictions.

2. Prolongación de la línea temporal de la serie: es el desarrollo de precuelas, secuelas y spin offs. Exploran dimensiones no elaboradas en profundidad en el canon.

3. Refocalización: producciones que ahondan en la vida de personajes secundarios a los que la industria mediática no les prestó la suficiente atención. En otras palabras, son spin offs.

4. Realineación moral: historias que se enfocan en los villanos de la serie, los vuelven sus protagonistas.

5. Cambio de género: escritos en los que los fans transforman una historia, por ejemplo, de aventuras y ciencia ficción en romántica o de comedia.

6. Historias cruzadas: es el cruzamiento de personajes de distintas series. Lo que Scolari (2013) llama mashup o crossover.

7. Dislocación del personaje: a los personajes se les atribuyen otros nombres e identidades y protagonizan nuevas historias.

8. Personalización: historias en las que se combinan sucesos de la ficción con hechos de la vida real de los fans.

9. Intensificación emocional: relatos que profundizan las escenas emotivas, dolorosas, felices y tensionantes vividas por los personajes de la ficción.

10. Erotización: historias que exploran las subtramas sexuales de la ficción. Enfatizan los vínculos íntimos y sexuales entre personajes.

Con el paso de los años, en la academia comenzó a extenderse el concepto de *user generated content*, es decir, contenidos generados por los usuarios que, de acuerdo con Scolari et al. (2012): "son todas aquellas manifestaciones textuales, gráficas y audiovisuales que los fans de una determinada producción realizan en torno a ella" (p. 151).

Para profundizar esta definición, Fernández Castrillo (2014) sostiene que:

> El Contenido Generado por el Usuario (CGU) engloba todos aquellos formatos de contenido, disponibles a través de redes sociales y plataformas online, creados y distribuidos por uno o varios individuos no profesionales. El resultado final puede ser tanto la invención de una nueva obra como la adaptación de propuestas anteriores, siempre de forma libre y voluntaria. Este tipo de producciones se caracterizan por su alto componente creativo, por lo general son de carácter transmedia y fruto de dinámicas colaborativas en la web. (p. 61)

En su artículo del 2012, *El texto do it yourself*, Scolari identifica y define siete tipos de contenidos generados por los usuarios:

1. Sincronizaciones: un video que sincroniza lo que hacían los personajes al mismo tiempo en una escena en particular.

2. Recaps: sumarios de los episodios o temporadas. Se clasifican como compresiones de la historia y hay cuatro tipos: video- recaps, foto-recaps, recaps textuales y recaps infográficos. Además, cumplen tres funciones: síntesis, recuerdo y divulgación.

3. Parodias: videos que parodizan momentos de la historia o personajes.

4. Finales alternativos: si no gusta el final propuesto por el canon, los prosumidores tienen la libertad de elaborar el que ellos deseen o esperaban.

5. Falsos avances y openings: videos que anuncian una producción inexistente o que cambian el sentido de la misma.

6. Mashups/ Crossovers: es una mezcla que vincula dos o más mundos narrativos. Combina personajes, imágenes, escenas, banda sonora.

7. Adaptaciones: los usuarios vuelven a contar una escena, pero usando otra estrategia y/o lenguaje (videojuegos, juguetes).

En diálogo con este aporte, Scolari et al. (2012) añade que los contenidos generados por los usuarios se clasifican en dos modalidades de expresión: (1) Creativas: creaciones que expanden la narrativa. Aquí se hallan los contenidos tradicionales (fan fiction, fan art y fan vid) y, por su parte, las customizaciones. Y (2) Divulgativas: creaciones con objetivos de difundir y divulgar la historia. Pueden ser: recaps y wikis (enciclopedias virtuales).

A continuación, en la Tabla 1 se sintetizan los tipos de contenidos generados por los usuarios que han sido identificados por los tres autores.

Tabla 1

Clasificaciones de contenidos generados por los usuarios en base a los aportes de Jenkins (1992), Scolari (2012) y Scolari et al. (2012)

AUTORES	Jenkins (1992)	Scolari (2012)		Guerrero (2012)	
	Recontextualización	Recontextualización		Modalidades creativas	Fan fiction
					Fan art
					Fan vid
					Customizaciones
	Prolongación de la línea temporal de la serie	Recaps	Video	Modalidades divulgativas	Wikis
Tipos de contenidos generados por los usuarios			Foto		Recaps
			Textuales		
			Infográficos		
	Refocalización	Parodia			
	Realineación moral	Sincronizaciones			
	Cambio de género	Adaptaciones			
	Historias cruzadas	Mashups/ crossovers			
	Dislocación del personaje	Finales alternativos			
	Personalización	Falsos openings/ falsos finales			
	Intensificación emocional				
	Erotización				

Elaboración propia.

Como ya explicamos, el fanatismo no es un fenómeno nuevo, lo que han cambiado son las herramientas para elaborar contenidos y el alcance de estas producciones que, gracias a la web, recorren distancias lejanas y se conectan fácilmente con comunidades de cualquier parte del mundo.

Ser fan en tiempos de digitalización de la cultura implica traer a este marco teórico el concepto de *alfabetismos transmedia*, entendidos como "un conjunto de competencias transmedia (transmedia skills) que el sujeto ha aprendido en entornos no formales e informales, desde redes sociales hasta comunidades de videojugadores, YouTube o foros de discusión" (Scolari et al., 2019, p. 121). Desde esta mirada, en el presente escenario surgen distintas preguntas: ¿qué saberes se ponen en práctica a la hora de producir y compartir contenido en las redes? ¿qué competencias se desarrollan para gestionar los nuevos medios? Y nos permitimos agregar: ¿qué actividades se requieren efectuar para crear un CGU? ¿Cómo logran producirlo y ponerlo en circulación?

"El alfabetismo transmedia se focaliza en lo que los jóvenes están haciendo con los medios y los considera prosumidores (productores + consumidores), personas potencialmente capaces de generar y compartir contenidos de diferentes tipos y niveles de complejidad" (Scolari, 2018, p. 4).

En línea con el análisis de las actuales prácticas de los fanáticos, cabe recuperar un aporte proveniente del periodismo dado por Lewis y Westlund (2015): *agentes de la práctica periodística*. Los investigadores explican que, en la tarea diaria del periodista multiplataforma, se conjugan cuatro elementos:

- ¿Quiénes? ACTORES

Periodistas, ingenieros, técnicos, editores, ciudadanos que cuentan con habilidades y destrezas en diferentes áreas y son los que producen contenidos.

- ¿Para qué? AUDIENCIA

Público al que se dirige el contenido.

- ¿Con qué? ACTANTES

Cámaras, grabadoras de voz, micrófono, celular, pc, lapicera, apps, Canva, Telegram, programas de edición, entre otras herramientas que permiten elaborar el contenido.

- ¿Qué? ACTIVIDADES

Qué tareas se deben llevar adelante para generar el contenido: fotografiar, editar videos e imágenes, escribir, postear, googlear, crear una cuenta en redes sociales, etc.

Los agentes de las prácticas periodísticas bien se pueden extrapolar a los fanáticos. En efecto, estos actores -en su faceta de productores- elaboran contenido original usando actantes y haciendo determinadas actividades destinadas a un cierto público.

PRIMERA OFERTA: LO QUE LAS INDUSTRIAS MEDIÁTICAS PROPONEN

Imagen 1

Flyer de promoción de la serie

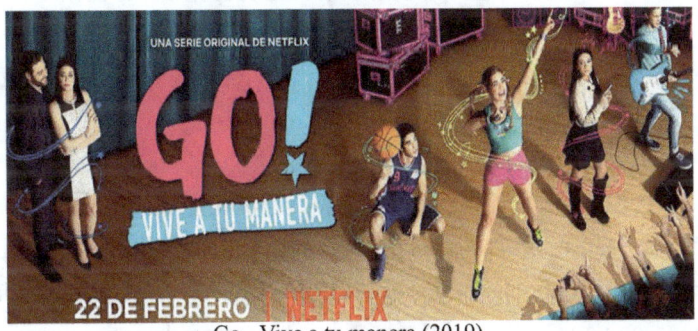

Go - Vive a tu manera (2019).

Go! vive a tu manera es la primera serie infanto juvenil de Netflix[5] basada en una idea de Sebastián Mellino, director de la

---

5. Distribuidora y productora de contenidos estadounidense. Se fundó en 1997 como una compañía dedicada al alquiler de DVD de manera online. Con el tiempo, sus servicios se ofrecieron vía streaming y en el 2011 llegó a Latinoamérica

productora argentina Onceloops Media (https://onceloops.com/)[6]. Este proyecto de coproducción contó, además, con la participación de Kuarzo Entertainment (https://kuarzo.com)[7].

Desde sus orígenes fue concebida como ficción transmedia, por lo que, se trata de un proyecto proactivo (Gambarato, 2013). Tal particularidad implica que las industrias mediáticas "piensen en propuestas complejas, analizando las diferentes maneras en que puede ser expandida en diversas plataformas, considerando la participación del prosumidor como un elemento central de la misma" (Marrocco, 2023, p. 195).

Pensar en clave transmedia es el gran desafío de este tipo de relatos. En efecto, cada medio debe ofrecer una experiencia singular que no aburra al público y, a su vez, ser independiente de los demás, de modo tal que no deba consumir todas las piezas textuales para entender la trama. Una de las estrategias para lograrlo es introducir pistas de migración (Montoya & Arango, 2015) y dejar espacios en blanco/lagunas narrativas en la obra núcleo de la franquicia.

En el caso de Go!, la serie ha sido la plataforma central. En ella, los guionistas dejaban cuestiones no resueltas con el fin de que el público navegara por el canal de YouTube y las redes sociales donde encontraría más información. Así como usaron estas pistas, también existían lagunas narrativas que las productoras completaban en las siguientes temporadas o en el capítulo especial.

---

6. Productora independiente fundada por Luis Darta Sarmiento y Sebastián Mellino en 2010. Sus instalaciones se sitúan en Almagro, Ciudad de Buenos Aires.
7. Productora televisiva argentina independiente creada en 2017, cuando Endemol (productora de contenidos holandesa) le vendió la totalidad de sus acciones a Martin Kweller. Desde entonces, se llama Kuarzo entertainment y cuenta con señal de cable (Canal KZO). Sus instalaciones se sitúan en Palermo, Ciudad de Buenos Aires.

En este universo la obra seminal fueron Twitter, Instagram, Facebook, TikTok y YouTube. Desde noviembre del 2018 comenzaron a subir contenidos que anunciaban la llegada de la serie en Netflix para febrero del 2019. Con el desembarco de la primera temporada en la plataforma, tanto los seguidores como los contenidos en redes sociales aumentaron. Estos medios periféricos contribuyeron a mantener viva la ficción y funcionaron como antesala de la segunda temporada (estrenada en junio del mismo año). Para ello, se ofrecieron videoclips, versiones acústicas de las canciones, escenas de backstages, tutoriales, challenges entre personajes, webisodios en calidad de spin off, karaokes, tarjetas de cumpleaños, wallpapers y stickers descargables para Whatsapp.

Las plataformas con mayor cantidad de seguidores fueron el canal de YouTube e Instagram, de hecho, esta última red social albergaba 52 historias destacadas que las productoras actualizaban permanentemente:

1. Personajes

2. Storyokes: karaoke de las canciones principales.

3. Sueños: de los personajes y de los fans

4. Evento lanzamiento

5. Mía: descripción del personaje + hazle una pregunta.

6. Lupe: descripción del personaje + hazle una pregunta.

7. Álvaro: descripción del personaje + hazle una pregunta.

8. Los chicos: descripción del personaje + hazle una pregunta.

9. Las chicas: descripción del personaje + hazle una pregunta.

10. Juan Ma: descripción del personaje + hazle una pregunta.

11. Rami y Mer: descripción del personaje + hazle una pregunta.

12. Gaspar: descripción del personaje + hazle una pregunta.

13. Dance along

14. Bailecedario A-Z

15. Bailecedario 0-9

16. Bailecedario

17. Baila tu nombre challenge

18. Temporada 2

19. Batalla de rap

20. Go plastic free

21. Canta con GO!: almacena fanvids.

22. Baby GO! (filtro)

23. Tarjetas de cumpleaños

24. BINGO!

25. Trailer season 1

26. Trailer season 2

27. Gossil GO!

28. Nuevo episodio: Nico y Fede. Spin off.

29. Adelantos de segunda temporada

30. Spotify

31. Videoclips. Season 1

32. Horóscopo

33. Versus

34. Go! Abuelos (filtro)

35. Videoclips. Season 2

36. Gracias! De los actores a los fans

37. Sofi comenta

38. Acústicos

39. Teatro: opiniones de espectadores, actores y promoción de la obra.

40. Tutoriales

41. Cocina

42. Fan art: espacio de almacenamiento para creaciones de los usuarios.

43. Mundial Season 1

44. Mundial Season 2

45. Outfits

46. Backstages

47. Plantillas: elaboradas por fans.

48. Videoclips Season 2

49. Entradas (1-12-19)

50. Stickers

51. Wallpapers: fondos de pantalla descargables.

52. Summer special. Adelantos y comentarios de fans.

En julio del 2019 se estrenó el primer show y en diciembre, el segundo. El aprovechamiento de la experiencia en esta expansión estuvo dado por la posibilidad de cantar y bailar en vivo las canciones de la serie y *La fiesta inolvidable (cuyo desembarco en Netflix fue en noviembre).*

Las productoras de *Go!* supieron usar a su favor las fortalezas de cada uno de los medios en los que planificaron expandir la historia y lograron así una atractiva experiencia de consumo para niñas y niños. En definitiva, estuvieron atentos a no fagocitar la narrativa. Por ejemplo, los contenidos extraíbles de las redes sociales como spin offs y webisodios no competían con el relato de la serie o el capítulo especial, por el contrario, motivaban y entusiasmaban a los seguidores.

Asimismo, el uso de videos challenges y tutoriales (propuestos por Netflix) incitaban a la participación de los fans brindándoles una consigna para realizar con su consecuente premio. En efecto, la propuesta era subir un video cumpliendo con el desafío comentado por los actores, arrobando la serie y, luego, el fan vid de mejor calidad y resolución de la actividad se re posteaba en las redes oficiales. De aquí se sigue que las productoras fomentaban la participación de los usuarios y, a su vez, la recompensaban y legitimaban en sus espacios canónicos.

Descripción del universo de *GO! vive a tu manera*

Montoya y Arango (2015) sostienen que las ficciones transmedia presentan dos temporalidades. En el caso de GO!, tanto la línea de tiempo del relato como la línea de tiempo de la producción es similar. A continuación, lo podemos apreciar en la Infografía 2.

Infografía 2

Línea de tiempo del relato y de la producción en Go! vive a tu manera

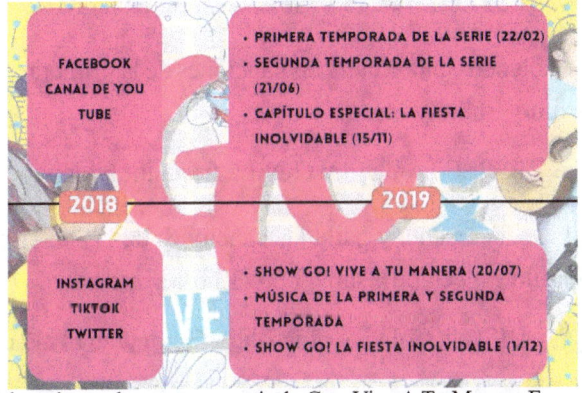

Nota. Elaborado por la autora, a partir de Go - Vive A Tu Manera France (2019).

Veamos ahora el contenido de cada producto de la franquicia:

1. SERIE: Primera temporada.

Contiene 15 capítulos de 40 minutos cada uno. Narra las pruebas que atraviesa Mía para ingresar al Saint Mary, uno de los colegios pupilos más prestigiosos y costosos de Buenos Aires.

2. SERIE: Segunda temporada.

Contiene 15 capítulos de 40 minutos cada uno. El taller de música y canto GO se prepara para una competencia nacional. Mía sospecha que el director del colegio puede ser su padre.

3. CAPÍTULO ESPECIAL: Go! La fiesta inolvidable

Una hora de duración. Es fin de año. Ramiro, Mía y Zoe reciben el 2020 en un hotel, para su sorpresa, Mercedes, Lupe, Álvaro y Juan Manuel también están en el mismo lugar. La relación entre hermanas de Mía y Lupe, de a poco, va prosperando.

4. ESPECTÁCULO: Go! vive a tu manera[8]

El elenco canta y baila las canciones de la primera temporada. El show duró 1 hora y media.

5. ESPECTÁCULO: GO! La fiesta inolvidable[9]

El elenco canta y baila las canciones de las dos temporadas y del capítulo especial. El show duró 1 hora y media.

6. DISCO: Go! vive a tu manera. Temporada 1. 12 canciones.

7. DISCO: Go! vive a tu manera. Temporada 2. 12 canciones.

8. DISCO: Go! La fiesta inolvidable. 5 canciones.

9. REDES SOCIALES: Instagram, Twitter, Facebook y TikTok

Las cuentas oficiales tanto en redes sociales como en YouTube se crearon dos meses antes del estreno de la primera temporada, es decir, en diciembre del 2018. El objetivo fue promocionar la ficción

---

8. Se toma como objeto de análisis el show del día domingo 21 de julio del 2019 en el Teatro Ópera Orbis ubicado en la ciudad de Buenos Aires.
9. Se toma como objeto de análisis el show del día domingo 1 de diciembre del 2019 en el Teatro Luna Park situado en la ciudad de Buenos Aires.

y ofrecer adelantos a fin de construir una comunidad de fans fieles que luego consumieran el resto de los productos. Estas plataformas han sido muy activas puesto que, al menos una vez por día, posteaban contenidos tales como: adelantos de episodios, trailers, tutoriales de diversas temáticas (maquillaje, guitarra, juegos de playa, cocina, pijamadas, peinados), memes, gifs, videos de karaoke y coreografías, backstages, historias con los cumpleaños de los actores y actrices, entre otros.

10. CANAL DE YOUTUBE

A enero del 2020 el canal de YouTube alojaba 145 videos y contaba con un millón de suscriptores. De acuerdo al contenido de cada uno, fue posible clasificarlos en 12 temáticas: Recomendaciones; Avisos; Videoclips; Música; Karaoke; Backstage; Tutoriales; Versus; Desafíos/Challenges; Spin off; Trailers y Escenas.

Decisiones de producción: el detrás de escena de Go!

> Las historias siempre son las mismas. Se repiten las fórmulas de éxito. Las productoras consideran que da seguridad lo que ya se conoce. El riesgo de lo nuevo representa un riesgo económico. ¿Por qué hay que vender milanesas con otra guarnición, si las milanesas con papas fritas funcionan bien? La innovación, según ellos, se admite en las ficciones independientes. (E. Cristiani, comunicación personal, 26 de abril del 2023)

Estela Cristiani fue una de las directoras del proyecto convocada por Mellino debido a su experiencia en otros infanto juveniles argentinos de éxito como *Casi Ángeles* (2007-2010) y *Aliados*

(2013-2014). Al equipo se sumó el guionista principal, Sebastián Parrotta, con una vasta trayectoria en ficciones de Polka y creaciones del género como *Violetta* (2011) y *Soy Luna* (2016).

El puesto de showrunner lo ocupó Victor Tevah, un productor con más de 25 años de experiencia en la realización de telenovelas. Su tarea consistió en estar al frente de los contenidos del proyecto, liderar el equipo de guion y de producción evaluando así la calidad del producto y teniendo en cuenta los distintos públicos de cada plataforma. Por su parte, Maria Eugenia Muci, la directora de contenidos de Onceloops Media, coordinó la producción creativa de la serie, es decir, audiciones, vestuario, look de locaciones y entrenamiento de los actores en el taller de canto.

Imagen 2

Fotografías de parte del equipo de profesionales que trabajaron en Go! vive a tu manera

Estela Cristiani

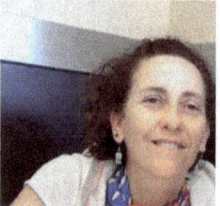

Sebastián Parrotta

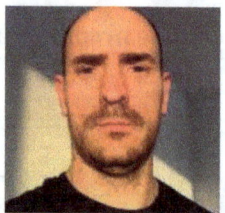

Víctor Tevah

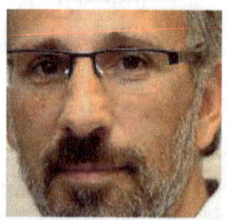

Maria Eugenia Muci

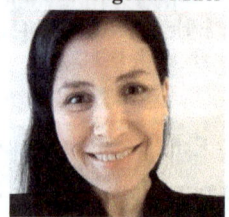

Nota. AguSaravia (2020); Parrotta (s.f.); PR LATAM (2021); Tedesco (2022).

Como se ha señalado, para Netflix su primera incursión en el terreno infanto juvenil fue *GO!* y esto se debió, según Cristiani (2023), a que Disney le estaba disputando la atención del público con el lanzamiento de Disney +. Por aquel entonces, Sebastián Mellino le mostró su proyecto a la plataforma hasta que, luego de varias negociaciones, fue aceptado y comenzaron a trabajar.

> Netflix hace una prueba antes de lanzar una serie. Grabamos un par de capítulos y los mostró en otros países a partir de una suerte de "cámara Gesell" para detectar la reacción de los espectadores. Así definen el target. El objetivo era adolescentes, pero el testeo mostró que el público más interesado eran niños de 6 a 12 años. (E. Cristiani, comunicación personal, 26 de abril del 2023)

Sobre este tema, el guionista principal agregó:

> En el género infanto juvenil escribís para un niño de 10 pensando que es un adolescente porque se identifica con un chico de 15. Hay un idioma en este tipo de historias: palabras que no podés mencionar, escenas con adultos y menores dentro de una habitación con puertas cerradas que no podés hacer, y demás requisitos. (S. Parrotta, comunicación personal, 27 de junio del 2023)

Relatos juveniles como *Violetta* (2011) y *Soy Luna* (2016) han sido telenovelas compuestas por más de 30 capítulos por temporada. Al planificar *GO!,* el modelo de producción de Netflix no admitía estas cifras, por el contrario, tenía en mente una serie de entre 8 y 15 episodios.

> Las plataformas vinieron a darnos la idea de que la gente pierde el interés si hay muchos capítulos. Entonces, con ocho es suficiente. Y eso no es verdad. Hay historias que no se pueden

narrar en ocho episodios y menos esperar un año para ver ocho capítulos de nuevo. El público se olvida de los personajes, salvo que seas muy fan. Si el género requiere 20 capítulos, se grabarán 20 capítulos. No se puede comprimir y no está mal. (S. Parrotta, comunicación personal, 27 de junio del 2023)

Coproducir con Netflix es "casi un sello de reconocimiento y en algún punto legitima la serie", sostuvo la directora. No obstante, las rutinas productivas, en ocasiones, pueden tornarse conflictivas para los profesionales. En efecto, Parrotta (2023) señala las constantes relecturas del guión que atrasaban la grabación de los capítulos.

A Sebastián le caían toneladas de devoluciones, cualquiera opinaba. Hay un equipo de guionistas con experiencia y muy bien pagos que ya están haciendo su trabajo, no es necesario que el libro se devuelva con comentarios de gente que no se dedica a eso. No sabés quién lo dijo y tampoco daban soluciones o propuestas para cambiar lo que no les gustaba. Un comentario tiene que poder proponer algo, si no, no sirve. (S. Parrotta, comunicación personal, 27 de junio del 2023)

En relación con la planificación transmedia del canon, los entrevistados confirmaron que el proyecto se concibió en 360 desde sus orígenes y, tal como se ha explicado, la obra núcleo fue la serie. De ella se desprendieron los contenidos que se publicaron en el resto de las plataformas orbitantes.

Para los profesionales argentinos, *GO!* no fue su primera ficción expandida en múltiples medios y esto implicó medirla con una vara muy alta. Parrotta (2023) bien menciona que: "*Go!,* como otras series de la época (*Bia* y *Soy Luna*), son hijas de *Violetta* y todo esto es hijo de *Floricienta*. *Violetta* no hubiera existido sin ella".

Como serie original de Netflix llegó a estrenarse en 192 países. Durante el 2019 alcanzó muy buen rendimiento y una gran aceptación por parte de los seguidores. Sin embargo, hay una particularidad en la realización de infanto juveniles que es imprescindible tener en cuenta: "este tipo de historias tienen que lanzarse una detrás de la otra porque los actores crecen y el público, también. Si tardás un año entre una temporada y otra, ya no la van a ver. Se pierde interés" (S. Parrotta, comunicación personal, 27 de junio del 2023). Esta fue una de las razones que motivaron la cancelación de la serie en 2020. También existieron otras cuestiones más de índole empresarial que jugaron su papel:

> Una vez que viene el éxito, Netflix empieza a tomar decisiones por encima del equipo original. Eso no era tan romántico. La pandemia, igual, ayudó a que no se hiciera. Cuando el producto funciona, Netflix evalúa qué le conviene y qué no, económicamente. Las plataformas son negocios. Una pena porque funcionó muy bien. (E. Cristiani, comunicación personal, 26 de abril del 2023)

De los testimonios recabados es posible interpretar que trabajar con Netflix fue un desafío pues había que comprender cuáles eran sus lógicas de producción y comercialización.

> Las plataformas tienen cierta soberbia. De golpe, pagan bárbaro, teniendo en cuenta tu coyuntura. Te obnubilan. Todo es maravilloso, pero presentan problemas. Hay que poder lidiar con su ego. Vos estás trabajando para una corporación como si fuera Coca Cola que lo único que le interesa es aumentar las ventas y disminuir los costos de producción. La plataforma es un gigante con pie de barro que, por un lado, te exige dar lo mejor, pero, a la vez, que sea rápido y barato. La magia se produce cuando todos logramos comprender la lógica.

Eso pasó en GO!: se combinaron la creatividad de Mellino con la capacidad de producción de Tevah y Muci. (S. Parrotta, comunicación personal, 27 de junio del 2023)

Como se ha adelantado, el modelo de negocio que sustentó el proyecto fue la coproducción. Si bien todos los medios a través de los cuales se difundió la ficción nutrían a los fans y brindaban contenido atractivo adaptado a cada plataforma, lo cierto es que la obra núcleo era la que conseguía monetizarse.

A pesar de que han transcurrido más de tres años desde su lanzamiento, *Go!* continúa en la grilla de Netflix, no obstante, sus cuentas en las redes sociales, poco a poco, fueron cerrándose. Asimismo, aun cuando no pudo replicar el éxito de las series que la precedieron, el proyecto tomó su curso y cautivó la atención de un grupo de fans fieles, en mayor o menor medida, que acompañaron el desarrollo de la franquicia. Ahora, vamos hacia ellos…

LA CONTRAOFERTA: LO QUE LOS FANÁTICOS PLANTEAN EN BASE A LA PRIMERA OFERTA

> El nuevo ecosistema social se nutre de usuarios prosumidores con habilidades multitareas, con una característica particular de estos tiempos que es la interacción social a través de las redes, práctica que impactó en la asignación del tiempo a una tarea determinada. Esta flexibilización de horarios permitida por la ubicuidad de las redes, se derrama en todo el sistema productivo y de ocio de la vida humana. (Irigaray, 2014, p. 117)

Como se ha expuesto en el capítulo anterior, el infanto juvenil es un género destinado a niñas y niños de, aproximadamente, diez años. Debido a esta franja etaria es posible que los fanáticos manifiesten un gran compromiso con la ficción. En verdad, pueden conjugarse tanto la disponibilidad de tiempo (que tiende a ser mayor en esta edad) como el gran interés por consumir contenidos en diversas plataformas en una búsqueda por conocer en profundidad la serie que les gusta[10].

Existen distintos perfiles de fanáticos: algunos más activos que explotan su capacidad productiva realizando CGU, jugando,

---

10. Aun con la caracterización de este target, es importante señalar que no todas y todos los niños cuentan con los recursos económicos, técnicos, el tiempo y las competencias transmedia necesarias para experimentar este tipo de proyectos.

comentando, divulgando; y otros menos activos cuyo aporte al universo canónico consiste en consumirlo.

Jenkins (2006) sostiene que los flujos bottom up se entrelazan con los flujos top down de formas impredecibles. En este vínculo, las industrias mediáticas pueden optar por tomar una de estas dos posturas: una colaboracionista, que apoya y fomenta el desarrollo de los contenidos generados por el fandom, y otra, prohibicionista, que no acompaña este despliegue de creatividad. En el caso de *Go!* se eligió la primera alternativa.

Imagen 3

Posteo del 14/05/2019

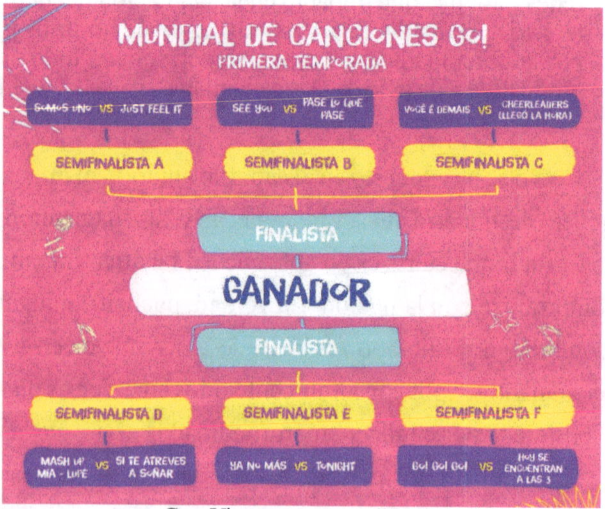

Go - Vive a tu manera (2019).

Para fomentar el engagement con el público, en Instagram (la red social con mayor cantidad de seguidores y actividad) se incorporaron plataformas de contención materializadas en historias destacadas: *Cantá con GO!, Fan art, Teatro y Summer special.* Allí se almacenaban videos e imágenes de las distintas creaciones de los usuarios, sumado a sus opiniones sobre las obras de teatro y el capítulo especial. De manera complementaria, el call to action también se promovió a partir del lanzamiento de concursos, trivias, bingos, sorteos de entradas para los conciertos, challenges de baile y karaoke y el "hazle una pregunta a tu personaje".

En esta ficción hubo una clara intención por parte de las industrias mediáticas de llamar a la acción a los seguidores, quienes, por supuesto, como respuesta al canon, hicieron lo propio. Y es aquí donde, desde el campo de la educación, es viable traer al análisis el concepto de *alfabetismos transmedia.* Las prácticas de los fanáticos, en esta época, se hallan atravesadas por la digitalización de la cultura, lo cual implica contar con ciertas competencias transmedia para elaborar contenidos.

> Las transmedia skills son una serie de habilidades relacionadas con la producción, el intercambio y el consumo de medios interactivos digitales. Estas competencias van desde los procesos de resolución de problemas en videojuegos hasta la producción y el intercambio de contenidos en plataformas web y redes sociales; la creación, producción, intercambio y consumo crítico de contenido narrativo (fanfiction, fanvids, etc) por los adolescentes también forma parte de este universo. (Scolari, 2018, p. 8)

La noción de *transmedia skills* bien puede vincularse con la de actividades propuesta por Lewis y Westlund (2015) ya que son todas aquellas tareas que el actor (periodista/fanático) tiene que llevar

adelante -mediante un conjunto de actantes- para producir un contenido (nota/fanmade) dirigido a un público (ciudadanía/usuarios fans).

No todos los CGU mapeados por Scolari (2012) fueron
encontrados en el fandom de GO!. Sin embargo, en la búsqueda web
hallamos algunos de los más conocidos: fan fiction, fan art, fan vid y
wikis. En este punto cabe subrayar que rastrear contenidos producidos por los fanáticos de la serie (concluida hace ya cuatro años) fue
sumamente dificultoso. Sobre esta tarea, Scolari (2013) nos advertía:
"Resulta imposible describir con una cierta precisión el territorio de los
contenidos generados por usuarios. Cada día se suben a la red miles
de obras realizadas por los prosumidores en todo tipo de formatos y
lenguajes" (p. 248).

Teniendo en cuenta que se trabaja con un corpus digital y
online el cual hoy puede existir y mañana eliminarse, es claro que
han quedado por fuera muchísimas unidades de análisis y hasta es
posible que los CGU estudiados aquí quizás, en un tiempo, ya no se
encuentren disponibles.

A continuación, en la tabla 2 pueden observarse el desglose
de los elementos que integran los agentes de las prácticas periodísticas
aplicados a algunas de las modalidades de producciones de los fans.

Tabla 2

Matriz de Lewis y Westlund (2015) aplicada a los contenidos generados por los usuarios de Go!
vive a tu manera

TIPO DE CGU	ACTOR	AUDIENCIA	ACTANTES	ACTIVIDADES/ TRANSMEDIA SKILLS
Fanfiction	Fanático	Otros fanáticos, usuarios de la web	Conectividad: Wifi o datos móviles + Netflix	Consumir la serie
			Buscadores como Google + redes sociales	Buscar información sobre el canon en la web
			Tablet, pc o smartphone	
			Procesador de texto o libreta de apuntes	Escribir texto
			Wattpad u otra plataforma	Crear usuario en la plataforma donde suba el fanfic
				Cargar fanfic en plataforma
Fanart	Fanático	Otros fanáticos, usuarios de la web	Conectividad: Wifi o datos móviles + Netflix	Consumir la serie
			Buscadores como Google + redes sociales	Buscar en la web imágenes y videos del canon realizadas por las industrias mediáticas y por otros usuarios
			Tablet, pc o smartphone	
			Hojas y lápices / Tableta digital	Dibujar a mano en papel o en soporte digital / Escanear la imagen en caso de que sea formato papel
			Editores de imagen	
			Escaner	
			Plataforma para almacenar el fan art (Pinterest, Instagram, TikTok, entre otras)	Crear usuario en la plataforma donde suba el fan art
				Subir el fanart a la plataforma

Categoría	Actor	Tecnología / Recursos	Acción
Fanvid	Fanático / Otros fanáticos, usuarios de la web	Conectividad: Wifi o datos móviles + Netflix	Consumir la serie
		Buscadores como Google + redes sociales	Buscar en la web imágenes y videos del canon
		Tablet, pc o smartphone	
		Programas para descarga de video + Grabadora de pantalla + Editores de video + Micrófonos + Música	Editar el video
		Plataforma para almacenar el fan vid (YouTube, TikTok, Instagram, entre otras)	Crear usuario en la plataforma donde suba el fan vid
			Subir el fanvid a la plataforma
Wikis	Fanático / Otros fanáticos, usuarios de la web	Conectividad: Wifi o datos móviles + Netflix	Consumir la serie
		Buscadores como Google + redes sociales	Buscar información sobre el canon
		Tablet, pc o smartphone	
		Procesador de texto	Seleccionar los objetos, personajes y demás elementos que se quieran definir
		Plataforma para almacenar el wiki (fandom. com, entre otras)	Crear usuario en la plataforma donde suba el wiki
			Cargar wiki en la plataforma

Elaboración propia.

La herramienta fundamental es tu imaginación, después depende de vos, de la calidad de historia que querés, de las cosas que podés llegar a tener, yo escribía solo en mi cuenta de Wattpad, desde el celular, a veces desde la PC y a veces desde un Word. Entre las tareas que hago al crearlos es investigar el lugar donde se desarrolla, tradiciones, qué comen, además de hacer un análisis general de cada personaje, sus características, cómo se viste, si tiene tocs, cómo fue su infancia para poder después escribir con un poco más de credibilidad. (L. Gianella, comunicación personal, 5 de julio del 2023)

La matriz de Lewis y Westlund (2015) - proveniente del campo periodístico- resultó acertada para analizar las mediaciones de los fanáticos de la serie, ya que los concebimos como actores con habilidades en el consumo y la producción de piezas digitales. Cada CGU es una respuesta al canon, pero cada lenguaje en el que los fans deciden narrar su historia implica un conjunto de actantes, competencias transmedia y consiguientes actividades específicas que pudimos detectar y describir en la tabla 3, tomando como referencia los testimonios de algunas fanáticas de la serie y los conocimientos personales de la autora en sus experiencias como creadora de contenidos digitales.

He visto contenidos creados por fans. De hecho, con la montajista nos reímos mucho porque decimos: "Ah, son cosas mejores que las nuestras." Hacen mix y me parece bien esa creatividad. En Instagram, por ejemplo, hay millones de personas creando algo con un tiempo y una dedicación que no tenemos los profesionales de la industria. Me parece hermoso que el fan se haga dueño de la obra y pueda crear y jugar. Habla mucho del dispositivo cultural, significa que están muy enganchados con el producto. Sus creaciones no rivalizan en lo absoluto con el canon. (E. Cristiani, comunicación personal, 26 de abril del 2023)

Imagen 4

Screen capture de fan art de Go!

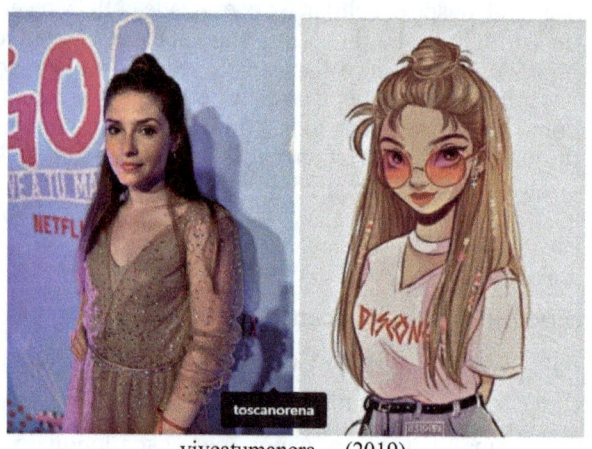

viveatumanera__ (2019).

Respecto de la diversidad de CGU recabado en la web, la muestra fue intencional respetando un criterio de heterogeneidad, es decir, se escogieron producciones distintas que clasificamos a partir de las categorías teóricas de Jenkins (1992), Scolari (2012) y Scolari et al. (2012). Tomamos en consideración las plataformas online del canon para iniciar la búsqueda (Twitter, Instagram, Facebook, Youtube, TikTok) y luego, buceamos en la web donde hallamos fanfictions y wikis en Wattpad y Fandom, respectivamente. Los hallazgos se reflejan en la tabla 3.

Tabla 3

Muestra intencional sobre contenidos generados por los fanáticos de Go! vive a tu manera

Plataforma	CGU	Tipo de CGU	Título	Sinopsis	Link	Fecha de consulta	Autor
Wattpad	Fanfiction (165 entradas)	Recontextualización	Hermanas Caceres	Historia de las hermanas Caceres en el Saint Mary	https://www.wattpad.com/story/343928129-gp-vive-a-tu-manera	3/7/2023	Ceci_books14
		Refocalización	Agus y Martín	Historia de amor de los personajes secundarios Agustina y Martín	https://www.wattpad.com/story/190791212-go-vive-a-tu-manera-agus-y-mart%C3%ADn-completa	4/7/2023	Miku8098
		Historias cruzadas/Crossovers	Go vive a tu manera nuestras vidas mezcladas	Historia que combina personajes de GO con Soy Luna, H2OSirenas de Mar, Club 57 y más	https://www.wattpad.com/story/290200664-go-vive-a-tu-manera-nuestras-vidas-mezcladas	5/7/2023	Queen1793
		Prolongación de la línea temporal / Secuela	One shots Alvaria	Historia de Alvaro y Mia (protagonistas) en sus adultez	https://www.wattpad.com/story/206082999-one-shots-alvaria-go-vive-a-tu-manera-	6/7/2023	GianellaLucia
		Personalización	La decisión de sus v:das: pilurre	Historia de los actores principal es cuando fueron convocados para trabajar en GO	https://www.wattpad.com/780862303-la-decision-de-sus-vidas-pilurre-1-cap	4/7/2023	ariane_13
		Intensificación emocional	El amor: Pilurre	Historia de amor entre Alvaro y Mia	https://www.wattpad.com/story/201726290-el-amor-%F0%9F%92%92%95-pilurre	5/7/2023	Salviador

Fandom	Modalidad divulgativa		Título	Descripción	Enlace	Fecha	Autor
	Wiki		Go vive a tu manera. WIKI	Descripción de personajes y temporadas	https://go-vive-a-tu-manera.fandom.com/es/wiki/Go!_Vive_A_Tu_Manera_Wiki	6/7/2023	Anónimo
TikTok	Fanvid	Mashup	Álvaro, el novio que todxs quisieran tener	Breves escenas de amor de Álvaro y Mía	https://www.tiktok.com/(@gvatmfeed)	7/7/2023	Gvatmfeed
YouTube	Fanvid	Mashup	Pilurre	fire on fire	Recopilación de videos de Álvaro y Mía con una canción de fondo	https://www.youtube.com/watch?v=pVcpz9Uf8O0	8/7/2023	Alvaria siempre
	Fanvid		Reseña de Go! Vive a tu Manera ¡UN REFRITO MÁS!	Explicación y análisis de trama de GO!	https://www.youtube.com/watch?v=KtjgMksmuK4&t=105s	8/7/2023	Sombras de rebelión
	Fanvid		¿Cuánto sabes de Go la fiesta inolvidable?	Test para fanáticos lúdicos	https://www.youtube.com/watch?v=2_weeMNfEyw&t=83s	9/7/2023	Comedian
Facebook	Fan pages		Fans de GO vive a tu manera	Página de fans de Argentina	https://www.facebook.com/groups/499976618768095/?hoisted_section_header=type=recently_seen&multi_permalinks=561714295927660	10/7/2023	Anyolis Ortega
Instagram	Fanart		Sin título. Publicación de feed	Fan art de Renata Toscano	https://www.instagram.com/p/bvQZ6dxYXr/	11/7/2023	viveatumanera
Twitter	Fan pages		#fansgoviveatumanera	Página de fans de Perú	https://twitter.com/?lang=461739185	12/7/2023	Ivana

Elaboración propia.

Imagen 5

Screen capture de Wiki de Go! vive a tu manera

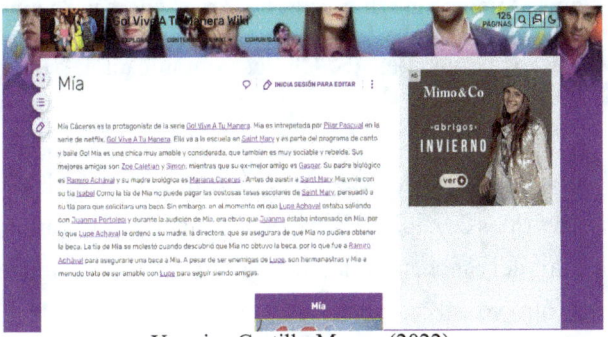

Yazmine Castillo-Mercer (2022).

Imagen 6

*Screen capture de resultados de búsqueda de grupos
y fan pages sobre GO!*

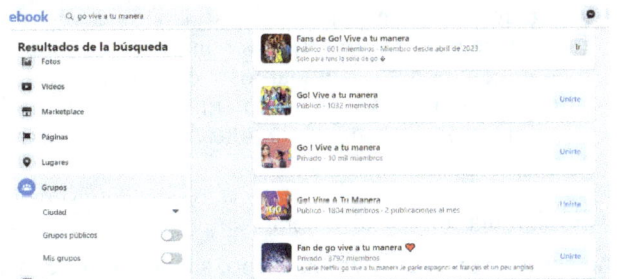

Búsqueda, el 9/7/2023 en Facebook, por grupos Go vive a tu manera.

Hay múltiples maneras de participar e interactuar con una serie transmedia. En función del tiempo, los actantes, las *transmedia skills* y el interés de los que se disponga, el engagement será diferente en cada caso, en cada niña o niño.

La verdad la serie siempre me gustó. La vi varias veces. En su momento era de lo único que hablaba. Era mi serie favorita, eso hizo que las ideas vinieran a mi cabeza y ahí es cuando quise iniciar a escribir estas historias, además de imaginarme cómo sería si yo estuviera en esta serie o tuviera una relación con los personajes. (S. Clouds,comunicación personal, 6 de julio del 2023)

Los fanáticos, de acuerdo al investigador Matt Hills (2002), detentan tres tipos de capitales: uno económico, que posibilita adquirir los productos del canon, uno cultural, que refiere al conocimiento sobre el canon y otro social que se traduce en los vínculos establecidos por los fans con otros fans. Para una de las entrevistadas, capital cultural y social van de la mano en sus producciones:

El tiempo en escribir un fanfic varía mucho de qué tipo de fanfic querés, qué calidad querés tener, cuántos capítulos querés. Mi meta es siempre más de 1000 palabras por capítulo porque siento que, si son menos, pierde calidad, o sea, pierde respeto. Con mis fanfics quiero conectar con otros fans, que me digan qué opinan, poder relacionarnos y charlar del fandom, pero, principalmente, dejar volar mi imaginación. (L. Gianella, comunicación personal, 5 de julio del 2023)

En sintonía con este testimonio, otra fanática de la serie agregó: "Escribo por todo un poco, por placer, por supuesto, por conectar con la gente y por hacerme conocer ya que me encantaría ser escritora." (C. Books, comunicación personal, 5 de julio del 2023)

De acuerdo con la tesis de doctorado escrita por Mar Guerrero en 2015, existe un nivel de actividad en los fanáticos denominado *influencia y reivindicación* en el cual el público realiza una serie de prácticas que presionan a las industrias mediáticas para influir en el destino del canon. Cuando esto ocurre, podría decirse que estamos frente a un gran suceso, ya que los movimientos top down fluyen en sintonía con los bottom up. No obstante, en muy pocos casos suele presentarse este escenario y *Go!* no fue la excepción debido a que -por decisiones empresariales- el proyecto llegó a su fin a inicios del 2020. La comunicación oficial se realizó a mediados de ese año.

Ante lo sucedido, parte de los seguidores quedó decepcionado pues se había encariñado con la historia. En verdad, como sostiene Guerrero (2015) el fanático no solo se limita a consumir intensamente un texto mediático y a producir contenidos en torno a él sino que, asimismo, desarrolla un vínculo afectivo y emocional con ese objeto. "Los personajes me llegaron muy rápido al corazón", explicó Ceci_books14 (2023) en relación a los motivos que la condujeron a escribir y publicar fan fictions en Wattpad.

Respecto de la posibilidad de que el público modifique el curso de la serie, teniendo en cuenta tanto su trama como su continuidad en el tiempo, el guionista principal fue muy claro:

> Dios no quiera, jajaja. Un día leí preguntas de fans en Twitter sobre cuestiones no resueltas en *Violetta*. "¿Por qué esto no se dio así? o ¿Por qué este personaje no hizo tal cosa?" Y la verdad es que en la historia sucede lo que ya acordamos y está grabado. Hay una pared entre el público y la productora. Está bien que exista. Lo que le gusta al público no siempre es lo más conveniente. Si vos hacés caso a las demandas, te puede salir bien, pero en el 90% de los casos sale mal. La historia se desvirtúa. (S. Parrotta, comunicación personal, 27 de junio del 2023)

De los dichos de los entrevistados -que representan la voz de las industrias mediáticas en esta investigación- se comprende que el nivel de influencia y reivindicación no pudo evidenciarse, a pesar de los pedidos de los fanáticos para ver una tercera temporada. Guerrero (2015) remarca que: "se establece una relación de co dependencia entre la industria de medios de comunicación y la cultura participativa de los usuarios, no exenta de tensiones, principalmente en lo que atañe a los derechos de producción y distribución cultural" (p. 14).

Entonces, quedó demostrado que, al menos en este caso, los flujos top down tuvieron la última palabra sobre el canon y, tal como explicó Cristiani (2023): "Es una cuestión de negocios".

CONSIDERACIONES FINALES

Con este trabajo – que es una continuación de investigaciones previas de la autora (2020a, 2020b) y (2022) esperamos haber contribuido a los estudios sobre casos de ficciones transmedia desarrolladas en Argentina.

A partir de la información recabada, se ha podido concluir que *Go! vive a tu manera* tuvo por detrás una exitosa estrategia de call to action llevada adelante, principalmente, gracias a sus redes sociales y el canal de YouTube. 52 historias destacadas en Instagram, plataformas de contención para fan arts en historias, videos de challenges subidos a diario, trivias, sorteos, bingos, competencias, tarjetas de cumpleaños, stickers para Whatsapp y gifts descargables son una pequeña muestra de cómo Netflix fomentaba el engagement con los seguidores.

En cuanto al diseño y la planificación del proyecto como ficción transmedia fueron de vital importancia los testimonios de Parrotta (comunicación personal, 27 de junio del 2023) y Cristiani (2023). Cada profesional, desde su lugar, brindó información acerca de las rutinas productivas que debían llevar adelante para trabajar con Netflix. Por ejemplo, el hecho de realizar un infanto juvenil con escasos capítulos o bien la relectura permanente de los guiones, el control total de la plataforma sobre la serie y las redes sociales. En este punto es menester subrayar el objetivo que perseguía Netflix al invertir en *Go!*: que el público permaneciera en la plataforma buscando nuevos contenidos para visionar, a partir de un sistema de recomendaciones.

Otra cuestión interesante para señalar es la idea de que las industrias mediáticas son empresas que persiguen fines de lucro y se preocupan por aumentar las ventas disminuyendo los costos de producción. Cuando un producto no representa las ganancias esperadas, se cancela y se buscan nuevas alternativas. Tanto el guionista principal como la directora de *Go!* fueron muy claros en esto: "las plataformas son negocios". No existió manera, al menos en este estudio de caso, de que los fanáticos pudieran modificar el destino de culminación de la franquicia.

Aproximándonos ahora al terreno de los flujos bottom up como respuesta a los flujos top down, la investigación ha podido detectar distintos perfiles de fanáticos que van desde los consumidores hasta los prosumidores y en este punto es preciso señalar que, de acuerdo a Jenkins (1992), el fan no se limita únicamente a consumir, lo más importante es su capacidad productiva, en otras palabras, su interés por releer, reinterpretar y reescribir las piezas canónicas.

Sin embargo, académicos como Hills (2002) y Guerrero (2015) sostienen que un fan -en su rol de consumidor- no es menos digno que uno en su faceta de productor porque, justamente, existen distintas maneras de comprometerse con la serie que les gusta. Y esta es la postura que, en definitiva, aquí adoptamos. Todos somos fans, en mayor o menor medida, y profesamos nuestro afecto hacia la franquicia desde distintos niveles de compromiso.

En un escenario atravesado por la digitalización de la cultura, aquellos fanáticos que optan por una participación más creativa precisan contar con habilidades (*transmedia skills*) en el mundo digital y online. Estos *alfabetismos transmedia* (Scolari, 2018), noción que proviene del campo de la educación para pensar las competencias mediáticas de los estudiantes en las aulas, pudo aplicarse en la comunidad de fans de *Go!* (hoy adolescentes, niños, en su momento). En efecto, para elaborar un fan art, una fan fiction, un fan vid o una wiki se requiere contar con un conjunto de habilidades y destrezas en el entorno web. El desarrollo de dichos alfabetismos, por supuesto, dependen en gran medida del acceso a dispositivos tecnológicos y de una conectividad estable.

Cuando analizamos el terreno del fandom, pudimos elaborar una lista de los dispositivos (Tablet, pc, smartphone, etc) y aplicaciones/ programas (procesador de texto, conversores de archivos, capturadores de pantalla, editores de video, redes sociales, entre otros) imprescindibles para producir contenidos digitales. Insistimos una vez más en lo siguiente, tanto una nota periodística como un CGU: (1) están elaborados por un actor: el periodista, en el primer caso y el fanático, en el segundo; (2) dirigidos a un público: la ciudadanía y otros fans, respectivamente; y (3) producidos mediante actividades específicas (competencias transmedia) a partir de (4) el uso de ciertos actantes.

En definitiva, los *agentes de las prácticas periodísticas* definidos por (Lewis & Westlund, 2015) resultaron por demás provechosos para estudiar las prácticas/ mediaciones de los fanáticos de *Go!* desplegadas en la web. De igual manera, las entrevistadas contactadas vía Wattpad (adolescentes creadoras de fanfiction y fan vid) arrojaron luz respecto de los intereses que las motivaron a originar sus producciones, las tareas desarrolladas y las herramientas utilizadas. Como denominador común es posible mencionar que no persiguen fines de lucro, sino que escriben por placer para dejar volar la imaginación con el propósito de dar a conocer su trabajo, esperando la devolución de otros fans.

A lo largo del 2019, los flujos bottom up y top down de *Go!* mantuvieron un vínculo recíproco y amigable, sus movimientos se correspondían con cada nuevo contenido.

Guerrero (2015) habla de *esfera del fandom* para denominar una propuesta de categorización de actividades que los fanáticos pueden desarrollar en torno a su objeto de fandom. El último nivel es el de *influencia y reivindicación,* en el cual los flujos bottom up ejercen presión sobre las industrias culturales para influir en las decisiones del canon.

Lo cierto es que, en *Go!* hubo un intento de presión/ pedido por parte de los flujos bottom up, no obstante, no llegó a buen puerto porque la decisión final la tuvo Netflix, ni siquiera Onceloops Media o Kuarzo. En este sentido, si bien hay casos como *El Ministerio del tiempo* (2015) cuyos fans consiguieron convencer a RTVE de continuar con las grabaciones de temporadas, es complejo que las industrias mediáticas modifiquen su hoja de ruta solo porque los fans aman una historia: "Producir una serie es una apuesta muy grande, implica pagarle un montón de dinero a muchísimos profesionales que saben bien lo que tienen que hacer." (S. Parrotta, comunicación personal, 27 de junio del 2023)

Series, películas, libros, cómics no dejan de ser bienes culturales con un respectivo valor de cambio, y su permanencia o no en el mercado, dependerá de qué tan bien se comercialice, al margen del amor de los fans.

Desde el lugar de las industrias mediáticas puede y debe existir una actitud colaboracionista (Jenkins, 2006) que acepte, valore, premie y contenga las producciones del fandom, aunque esto no signifique que les permita a los fans decidir por el rumbo de la franquicia.

En resumidas cuentas y a modo de cierre, los flujos top down y bottom up coexisten, se vinculan, se retroalimentan y se necesitan mutuamente. Los CGU se producen porque, primero, existió un canon. Este se monetiza gracias a los consumidores, en tanto que se expande mediante los prosumidores. Aun cuando pareciera un vínculo horizontal, "esa pared" entre productoras y público no se ha difuminado. Las industrias mediáticas tienen muy en claro el trabajo que realizan y cuál es el lugar ocupado por los fanáticos. En definitiva, son ellas quienes darán por concluido el juego cuando ya no sea un buen negocio.

REFERENCIAS

Acuña Díaz, F., & Caloguerea Miranda, A. (2012). *Guía para la producción y distribución de contenidos transmedia para múltiples plataformas.* Pontificia Universidad Católica de Chile.

AguSaravia. (2020, junio 26). Estela Cristinai en Tarde sin Siesta. *Radio CUT.* https://ar.radiocut.fm/audiocut/estela-cristiani-en-tarde-sin-siesta/

Arduini Amaya, C. (2022). *Fanatismos e industrias mediáticas en narrativas transmedia de ficción argentinas. Un estudio de caso colectivo sobre las series nacionales. Según Roxi y Go! Vive a tu manera* [Tesis de doctorado, Universidad Nacional de La Plata - UNLP]. http://sedici.unlp.edu.ar/handle/10915/146529

Arduini Amaya, C. (2020a). Ficción Transmedia en Argentina. El Caso de la Serie Infanto Juvenil Go! vive a tu manera. En A. Gifreu, A. Lovato, & R. Longhi (Coords.), *Narrativas Complexas.* Ria Editorial.

Arduini Amaya, C. (2020b). Ficción transmedia en Argentina. Análisis del canon de la serie Go! vive a tu manera. En V. Gosciola, & A. Sens (Coords.), *Exercícios mentais: narrativas transmídia e estruturas complexas.* Ria Editorial.

Fernández Castrillo, C. (2014). Prácticas transmedia en la era del prosumidor: hacia una definición del Contenido Generado por el Usuario (CGU). *Cuadernos de Información y Comunicación, 19*, 53-67.

Gambarato, R. (2013). Transmedia Project Design: Theoretical and Analytical Considerations. *Baltic Screen Media Review, 1*, 80-100.

Guerrero, M. (2015). *Historias más allá de lo filmado: Fan fiction y narrativa transmedia en series de televisión* [Tesis de doctorado. Universitat Pompeu Fabra - UPF]. https://repositori.upf.edu/handle/10230/26921

Hills, M. (2011). *Fan cultures*. Routledge.

Irigaray, F. (2014). La ciudad como plataforma narrativa. El documental transmedia tras los pasos del hombre bestia. En F. Irigaray, & A. Lovato (Comps.), *Hacia una comunicación transmedia* (pp. 115-130. UNR editora.

Jenkins, H. (1992). *Piratas de textos. Fans, cultura participativa y televisión*. Paidos.

Jenkins, H. (2006). *Cultura de convergencia*. Paidós.

Lewis, S., & Westlund, O. (2015). Actors, Actants, Audiences, and Activities in Cross-Media News Work. *Digital Journalism, 3*(1), 19-37.

Martín Barbero, J. (1987). *De los medios a las mediaciones. Comunicación, cultura y hegemonía.* Paidos.

Marrocco, M. (2023). Notas para una propuesta de guionado transmedial: caso de análisis "De barrio somos" – DCM Team. *Cuadernos del Centro de estudios en diseño y comunicación, 26*(187), 191-211.

Montoya, D., & Arango, M.. (2015). Los sistemas intertextuales transmedia como estrategia pedagógica: De The Walking Dead a La Odisea. *Correspondencias & Análisis*, (5), 15-36.

Novomisky, S. (2022). *De la cultura digital a la digitalización de la cultura* [Seminario de posgrado dictado en la Facultad de Periodismo y Comunicación social, apunte de cátedra de Digitalización de la cultura, pantallas y juegos en la era del metaverso, UNLP].

Go - vive a tu manera. (s.f.). *Inicio* [Página de Facebook]. Facebook. Recuperado el 30 de agosto del 2021 de https://www.facebook.com/GoEnNetflix

Go! vive a tu manera. (s.f.). *Tweets.* [Perfil de Twitter]. Twitter. Recuperado el 30 de agosto del 2021 de https://twitter.com/goennetflix

Go - Vive a tu manera. (2019, enero 18). *Escucha toda la música en: https://VA.lnk.to/GO_Vive_A_Tu_ManeraEM* [Imagen adjunta] [Actualización de estado]. Facebook. https://www.facebook.com/GoEnNetflix/photos/pb.100044153573519.-2207520000/369289140287627/?type=3

Go - Vive a tu manera. (2019, mayo 14). *Cuál es tu canción pre-ferida de Go!? Ahora es tu momento de votar!! Participa del mundial* [Imagen adjunta] [Actualización de estado]. Facebook. https://www.facebook.com/photo/?fbid=423892981493909&set=pb.100044153573519.-2207520000

Go - Vive A Tu Manera France. (2019, julio 2). *Bonjour à tous et à toutes. Bienvenue sur notre page, nous sommes trois à la gérer Ici vous retrouverez de nombreuses* [Imagen adjunta] [Actualización de estado]. Facebook. https://www.facebook.com/govivefrance/photos/a.478687499567691/478687469567694/

GO! Vive a Tu Manera Online [@GoViveOnline]. (s.f.). *Posts* [perfil del X]. X. Recuperado el 8 de Septiembre de 2023, de https://twitter.com/GoViveOnline

Parrotta, S. (s.f.). *Home* [página del LinkedIn]. LinkedIn. Recuperado el 9 de enero de 2023, de https://www.linkedin.com/in/sebastián-parrotta-4914058a/?originalSubdomain=ar

PR LATAM. (2021, junio 24). Víctor Tevah nuevo director de Audiovisuales de Pegsa Group. *PR Noticias.* https://prnoticias.com/2021/06/24/victor-tevah-es-el-nuevo-director-de-desarrollo-de-proyectos-audiovisuales-de-pegsa-group/

Pratten, R. (2011). *Getting started with Transmedia Storytelling.* Plataforma de publicación independiente CreateSpace.

Scolari, C., Jiménez, M., & Guerrero, M. (2012). Narrativas transmediáticas en España: cuatro ficciones en busca de un destino cross-media. *Comunicación y Sociedad, XXV*(1),137-163.

Scolari, C. (2012). El texto DIY (Do It Yourself). En M. Carlón, & C. Scolari (Comps.), *Colaborarte. Medios y artes en la era de la producción colaborativa.* La Crujía.

Scolari, C. (2013). *Narrativas transmedia. Cuando todos los medios cuentan.* Grupo Planeta.

Scolari, C. (2018). *Alfabetismo transmedia en la nueva ecología de los medios. Libro blanco.* Universidad Pompeu Fabra.

Scolari, C. , & Lugo Rodríguez, N., Masanet, J., & Scolari, C. (2019). Educación transmedia. De los contenidos generados por los usuarios a los contenidos generados por los estudiantes. *Revista Latina de Comunicación Social,* (74), 116-132.

Tedesco, M. (2022, enero 20). María Eugenia Muci de Onceloops: Ofrecemos filme Cumpleañero de Q-Films y proyectos de España y Colombia. *Produ.* https://www.produ.com/noticias/maria-eugenia-muci-de-onceloops-ofrecemos-filme-cumpleanero-de-q-films-y-proyectos-de-espana-y-colombia

viveatumanera__. (2019, marzo 21). *Amor hacia ella, espero te guste* 😊 @*toscanorena* 💖💖 [Photograph]. Instagram. https://www.instagram.com/p/BvQZ2eknVXr/

Yazmine Castillo-Mercer, Y. (2022, enero 27). Mía. *Fandom.* https://go-vive-a-tu-manera.fandom.com/es/wiki/Mía

ACERCA DE LA AUTORA

CHANTAL ARDUINI AMAYA

Doctora en Comunicación por la Universidad Nacional de La Plata. Especialista en Métodos y Técnicas de investigación social por CLACSO y FLACSO. Licenciada en Comunicación Social por la Universidad Nacional de Quilmes. Diplomada en Metodologías de la Investigación en Ciencias Sociales por la Universidad de Ciencias Empresariales y Sociales. Diplomada en Docencia Universitaria por FEDUBA y CLACSO. Diplomada en Diseño de narrativas transmedia por la Universidad Austral.

Fue becaria del CIN (2018-2019), de la Secretaría de Investigaciones de la UNQ (2019-2020) y de la Comisión de Investigaciones Científicas de la provincia de Buenos Aires (2021-2023). Es docente de Problemáticas de la comunicación social I y de Prácticas y análisis del discurso en la Tecnicatura en Comunicación Digital en la Universidad Nacional Guillermo Brown. Asimismo, es profesora titular de Taller de escritura de tesis en la Licenciatura en Informática y profesora adjunta de Culturas digitales en la Licenciatura en Comunicación Social en la Universidad Metropolitana para la Educación y el Trabajo. Ejerce, además, como profesora adjunta en la Facultad de Comunicación de la Universidad argentina de la empresa.

Se desempeña como investigadora de narrativas transmedia de ficción en Argentina en el marco del Proyecto "Observatorio de Ficción Televisiva en la TV Pública y plataformas on demand estatales" radicado en el Departamento de Ciencias Sociales de la Universidad Nacional de Quilmes.

chantal.a.arduini@unab.edu.ar

AUTOR DEL PRÓLOGO

DENIS RENÓ

Periodista y fotógrafo, es libre-docente en Ecología de los Medios y Periodismo Imagético por la Universidad Estadual Paulista - UNESP (Brasil) y doctor en Comunicación por la Universidad Metodista de São Paulo (Brasil). Ha finalizado postdoctorado sobre periodismo transmedia en la Universidad Complutense de Madrid (España) en el año 2011 y postdoctorado sobre Periodismo Transmedia en Dispositivos Móviles en la Universidad de Aveiro (Portugal) en el año 2013. Es profesor asociado en los programas de pregrado en Periodismo y de Doctorado en Comunicación la Universidad Estadual Paulista - UNESP (Brasil).

denis.reno@unesp.br

ÍNDICE

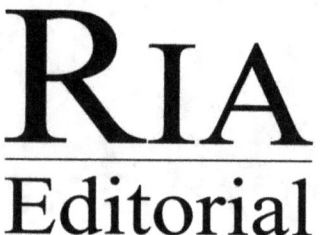